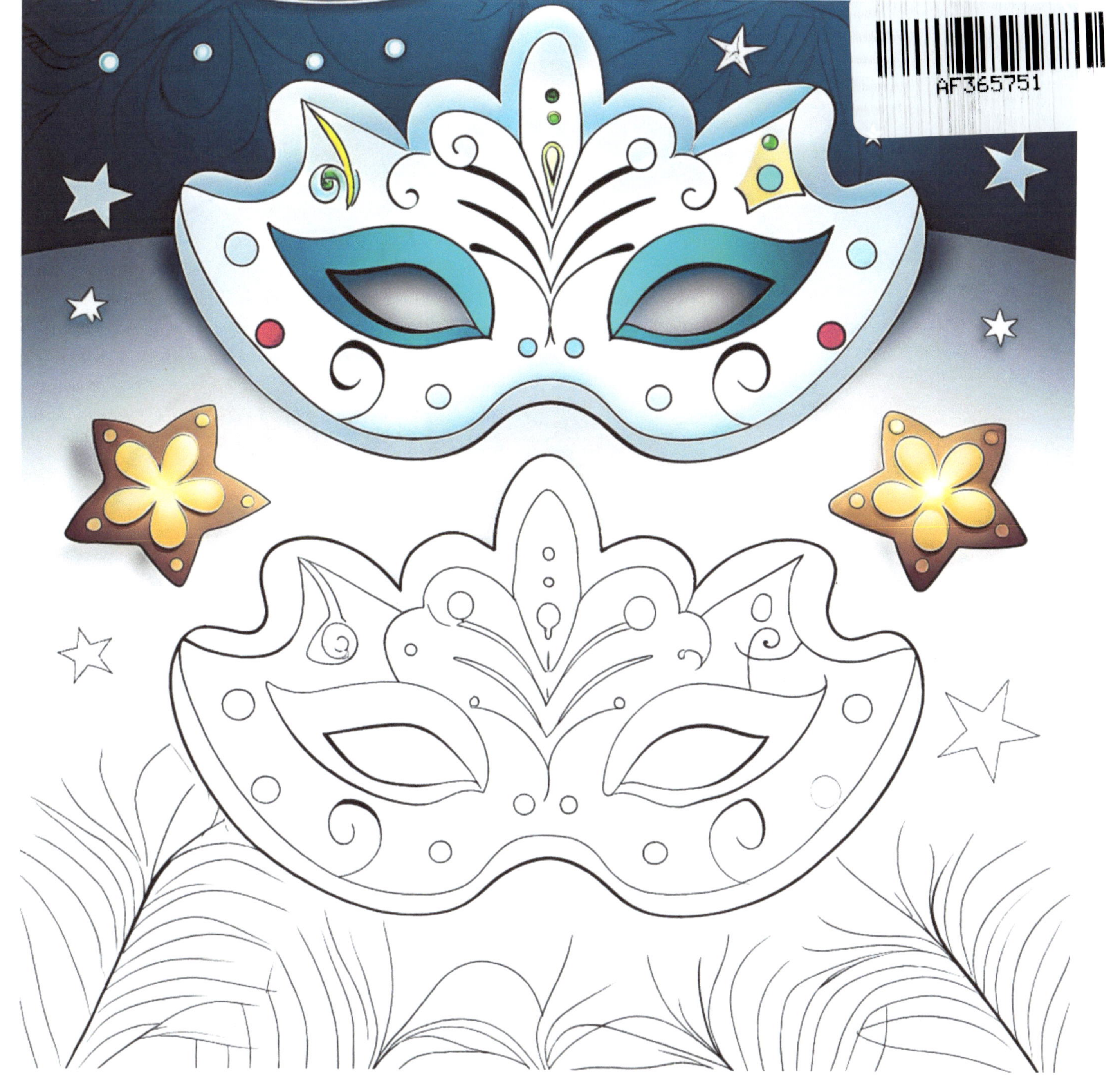

Copyright © 2024

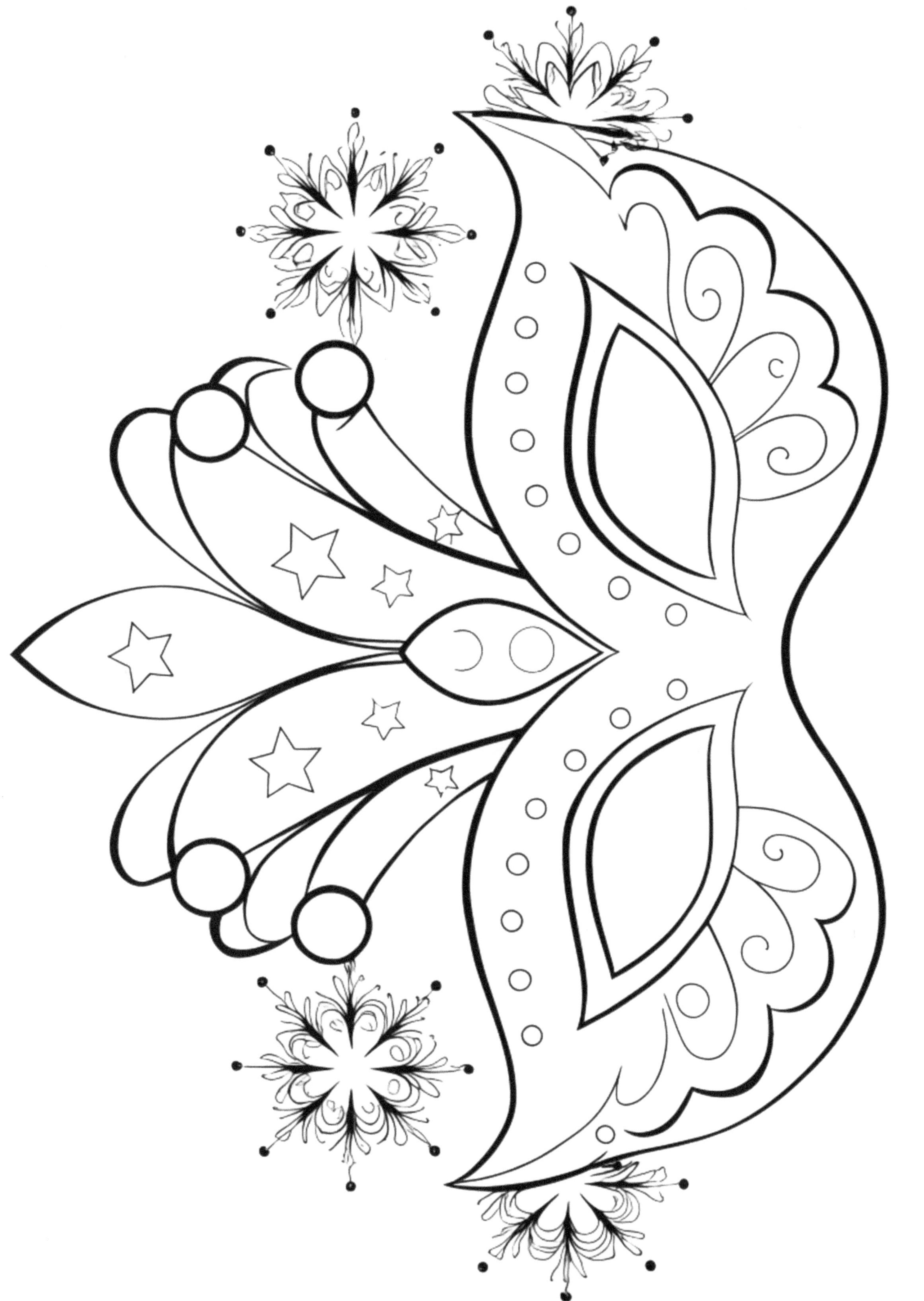

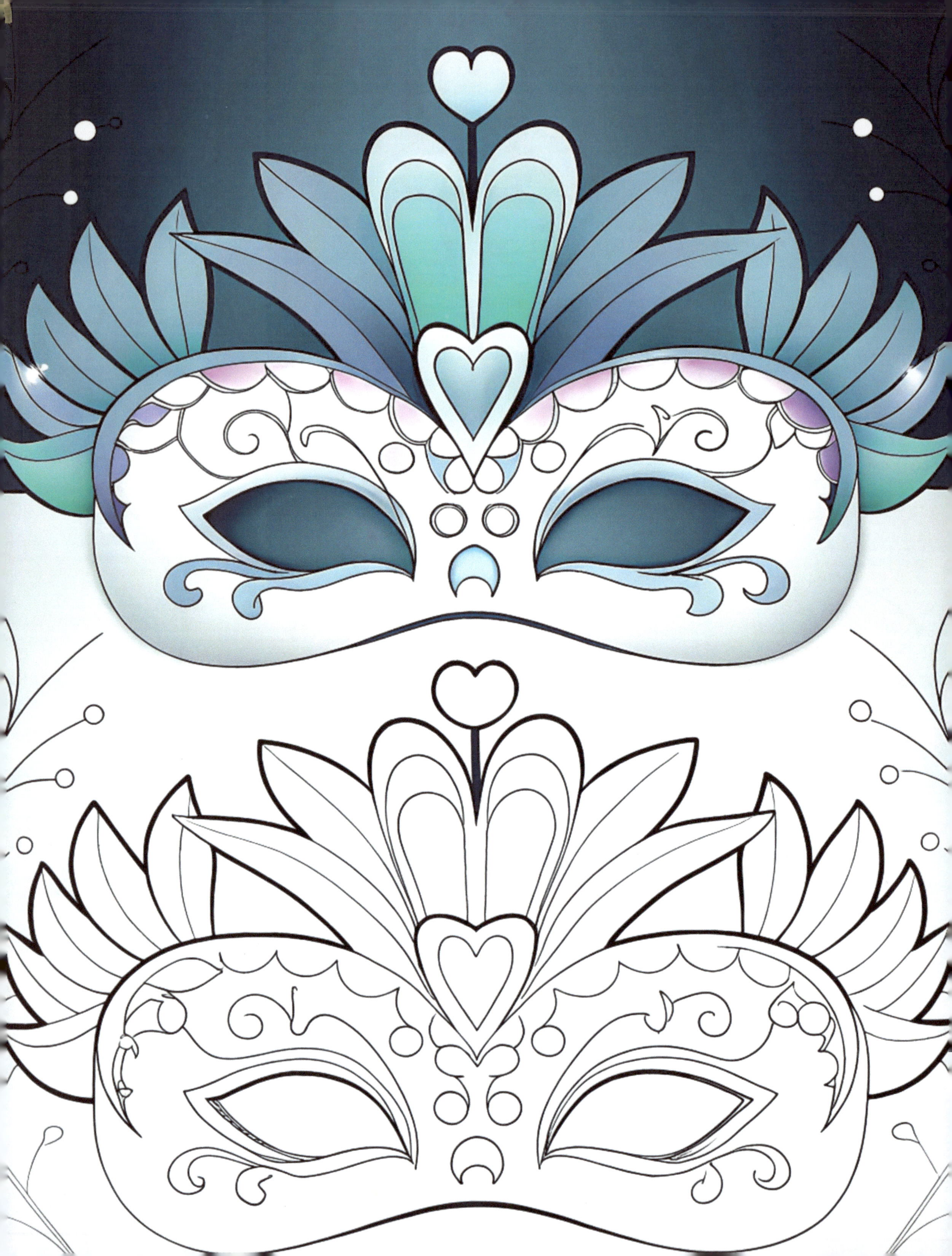

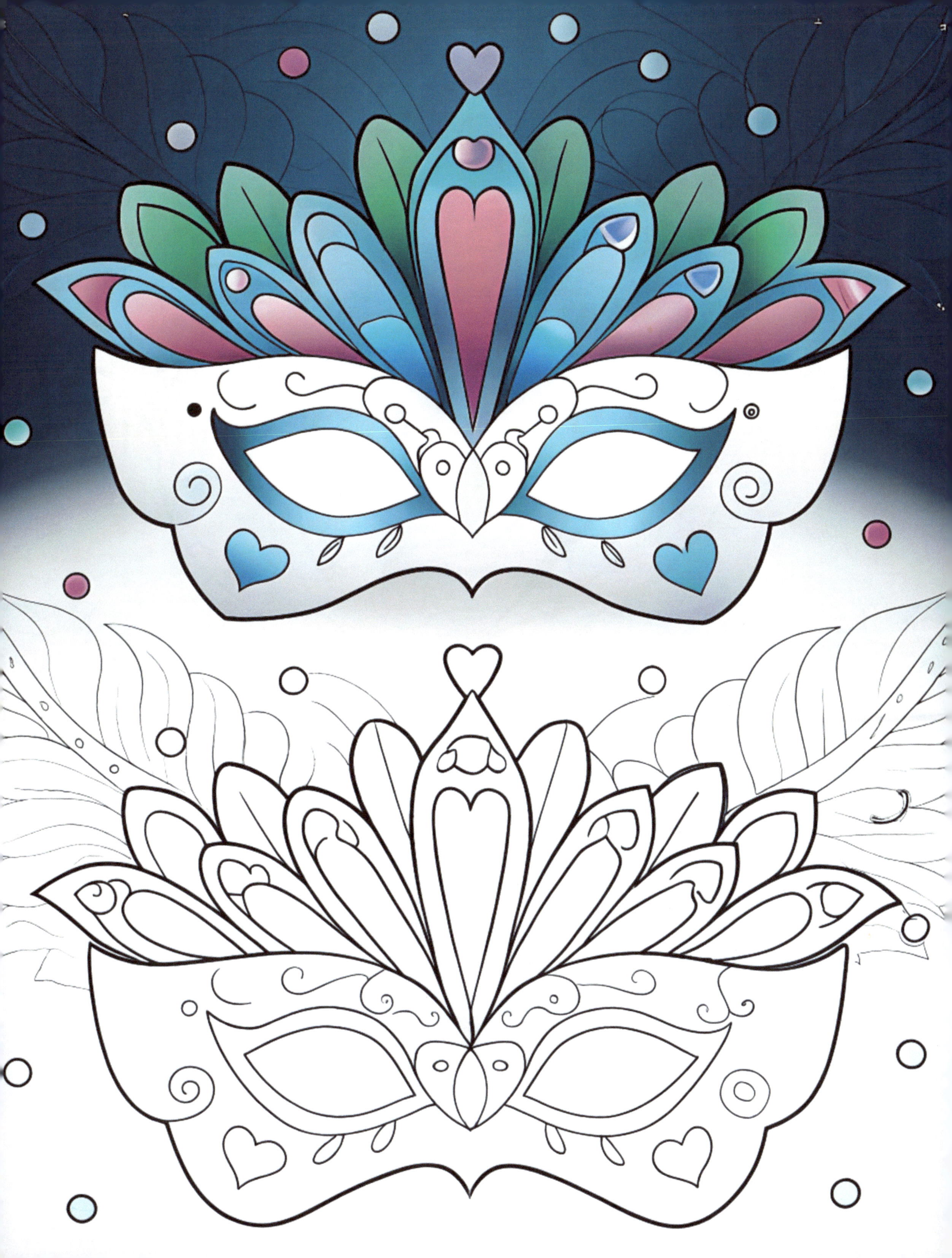

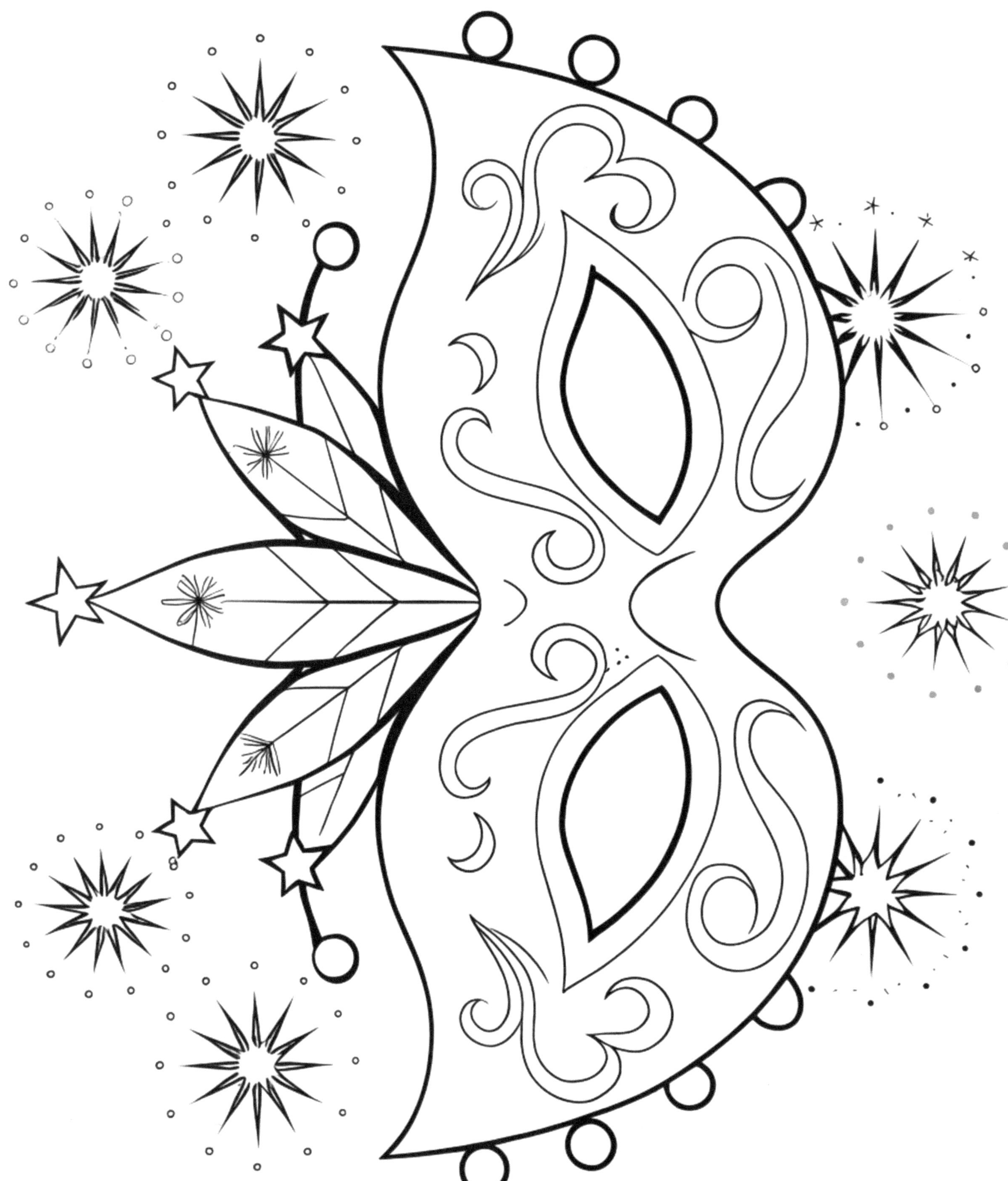

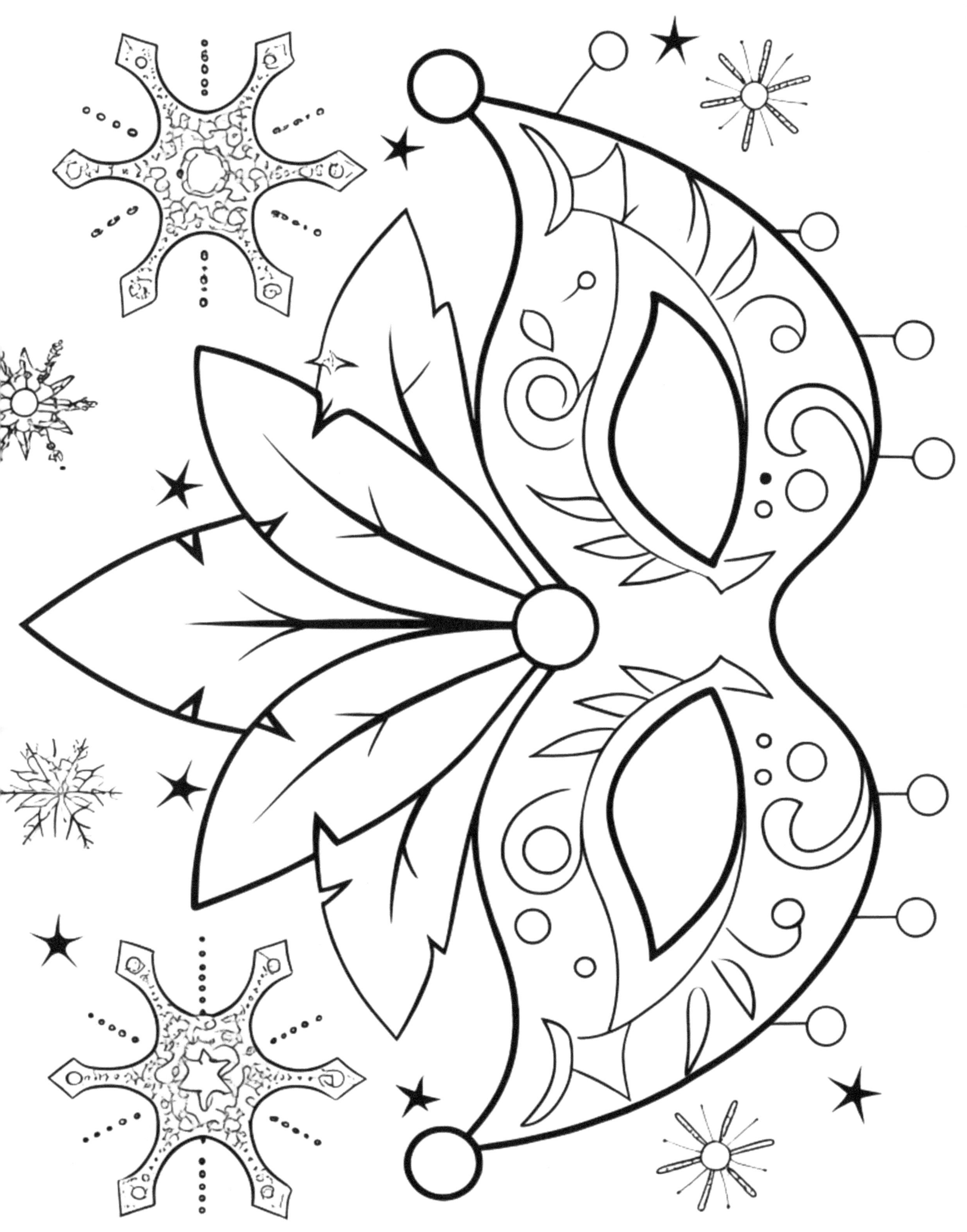

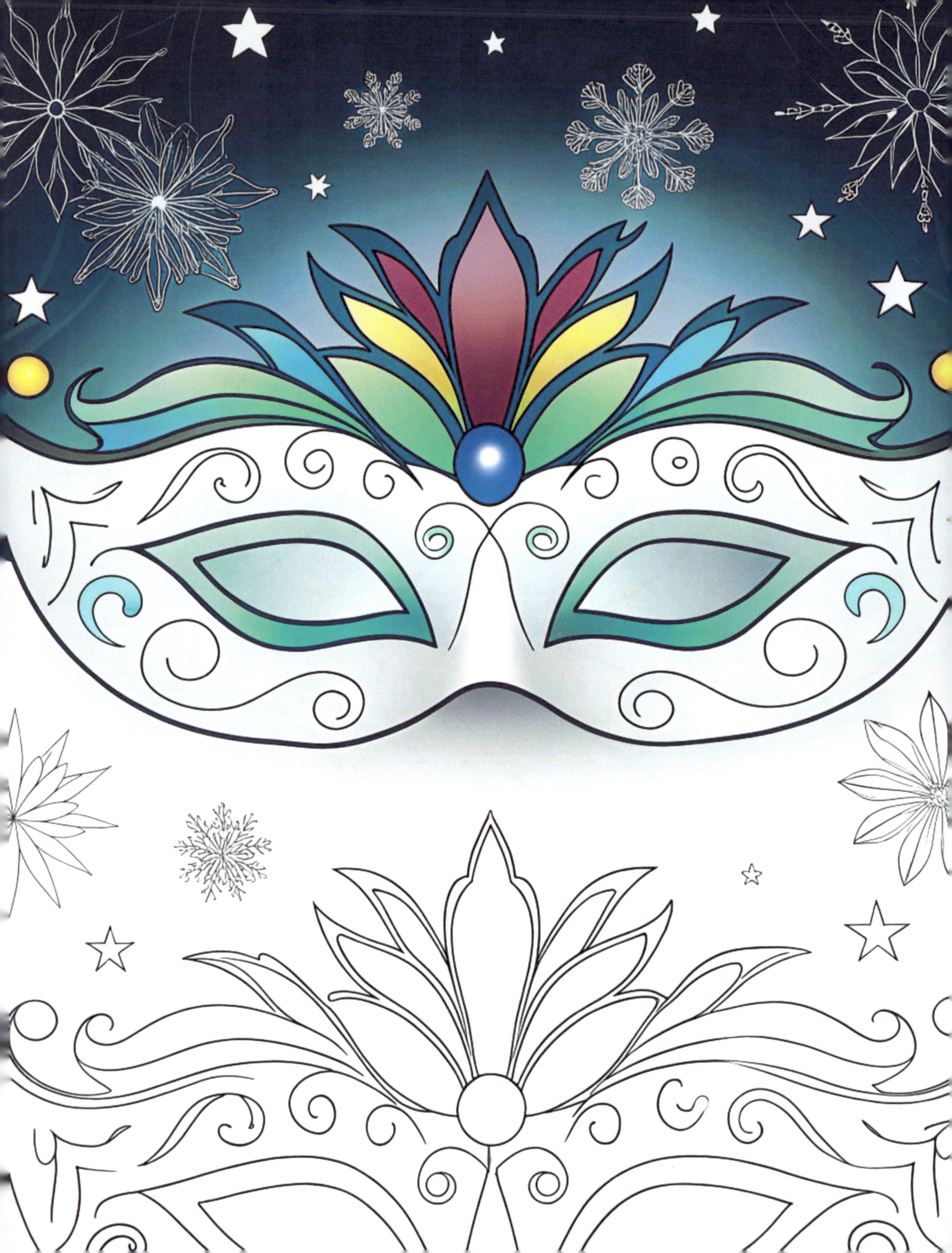

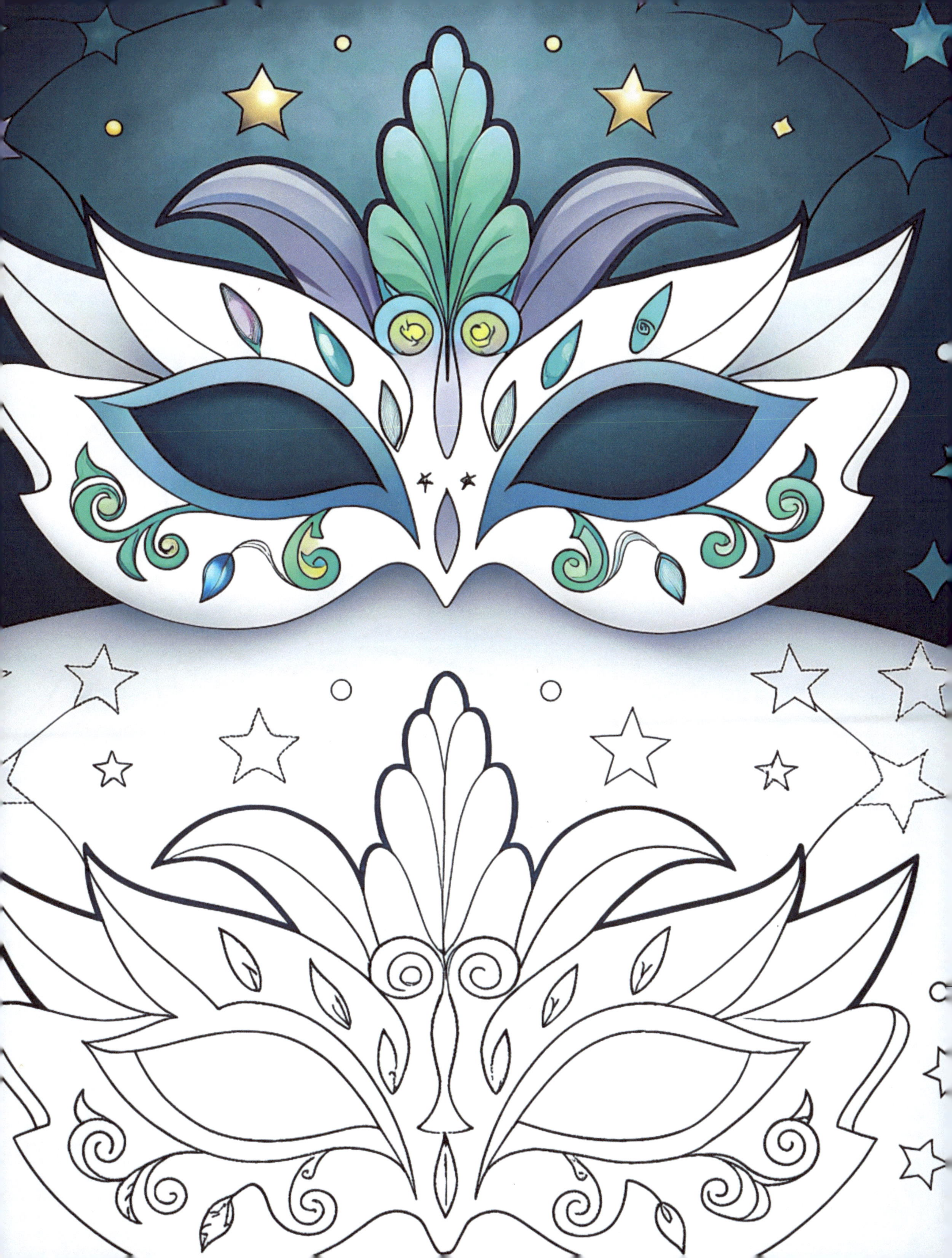

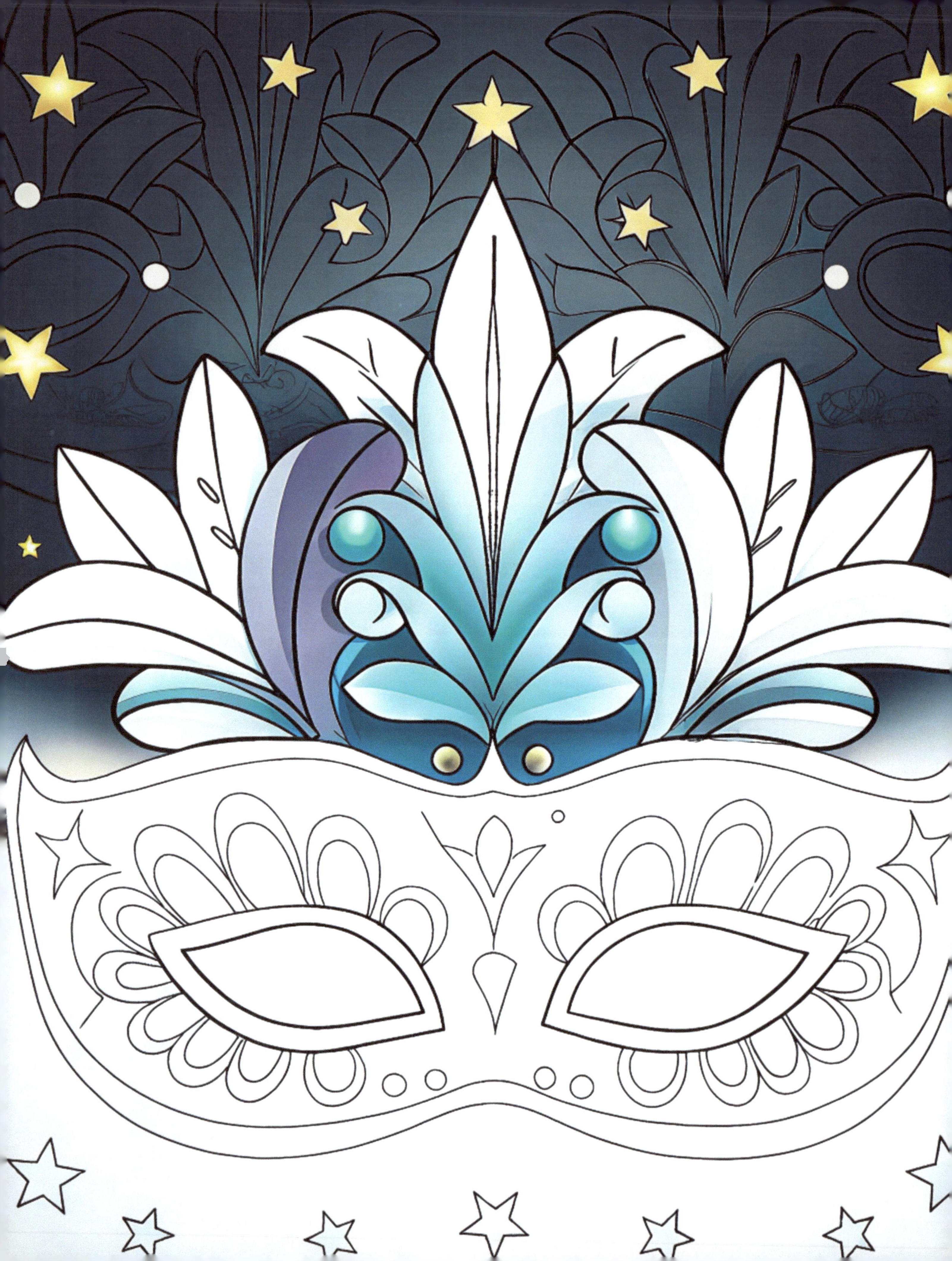

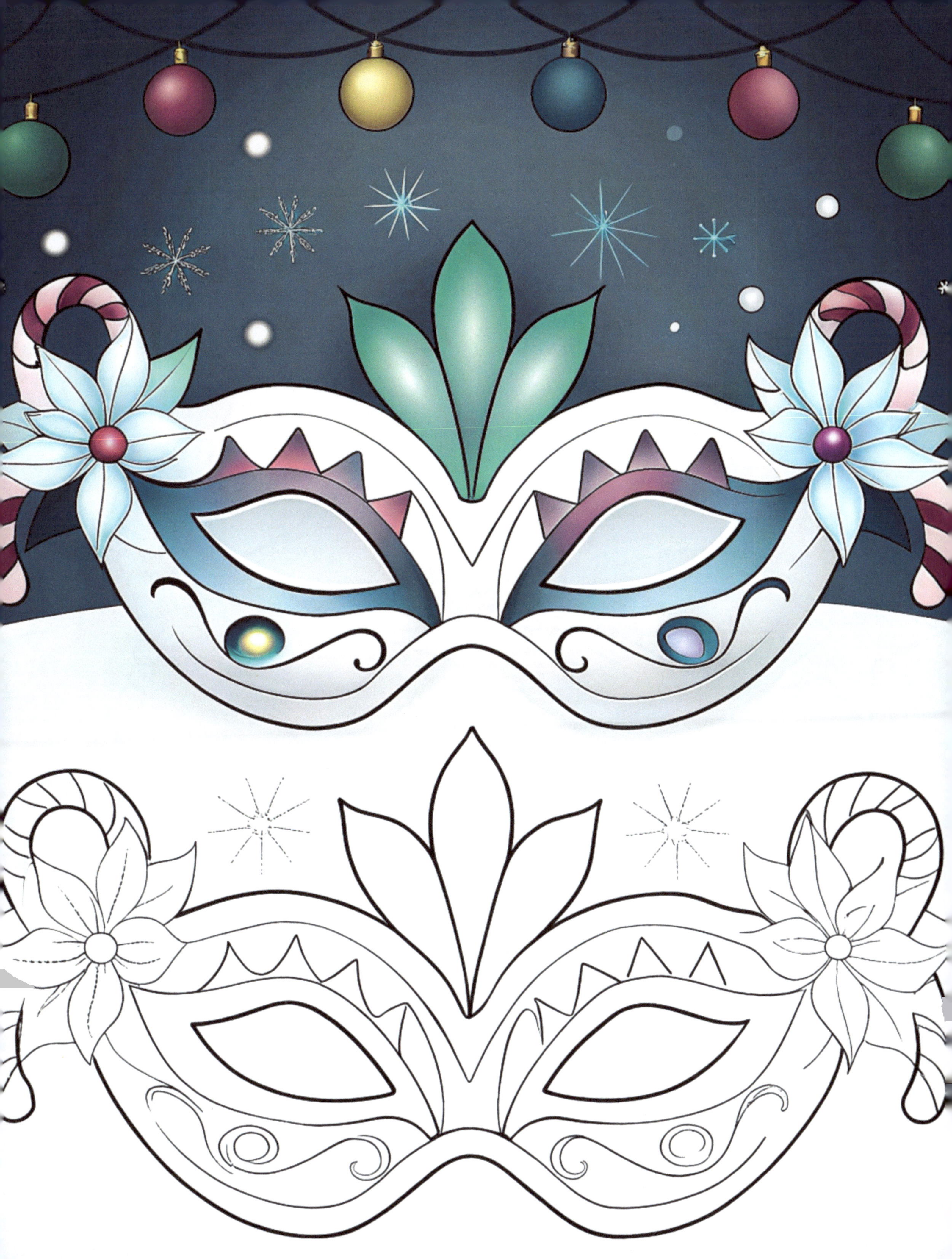

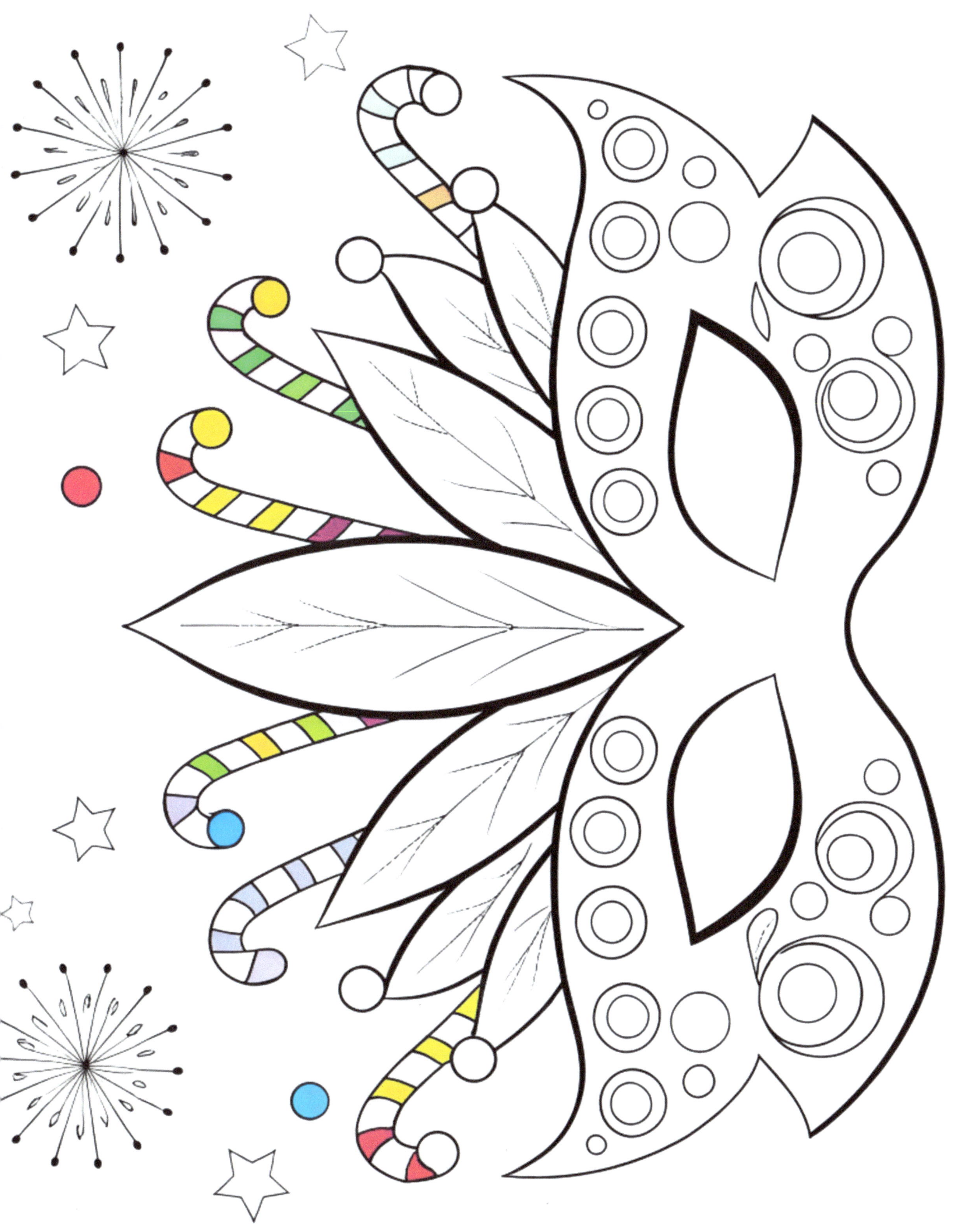

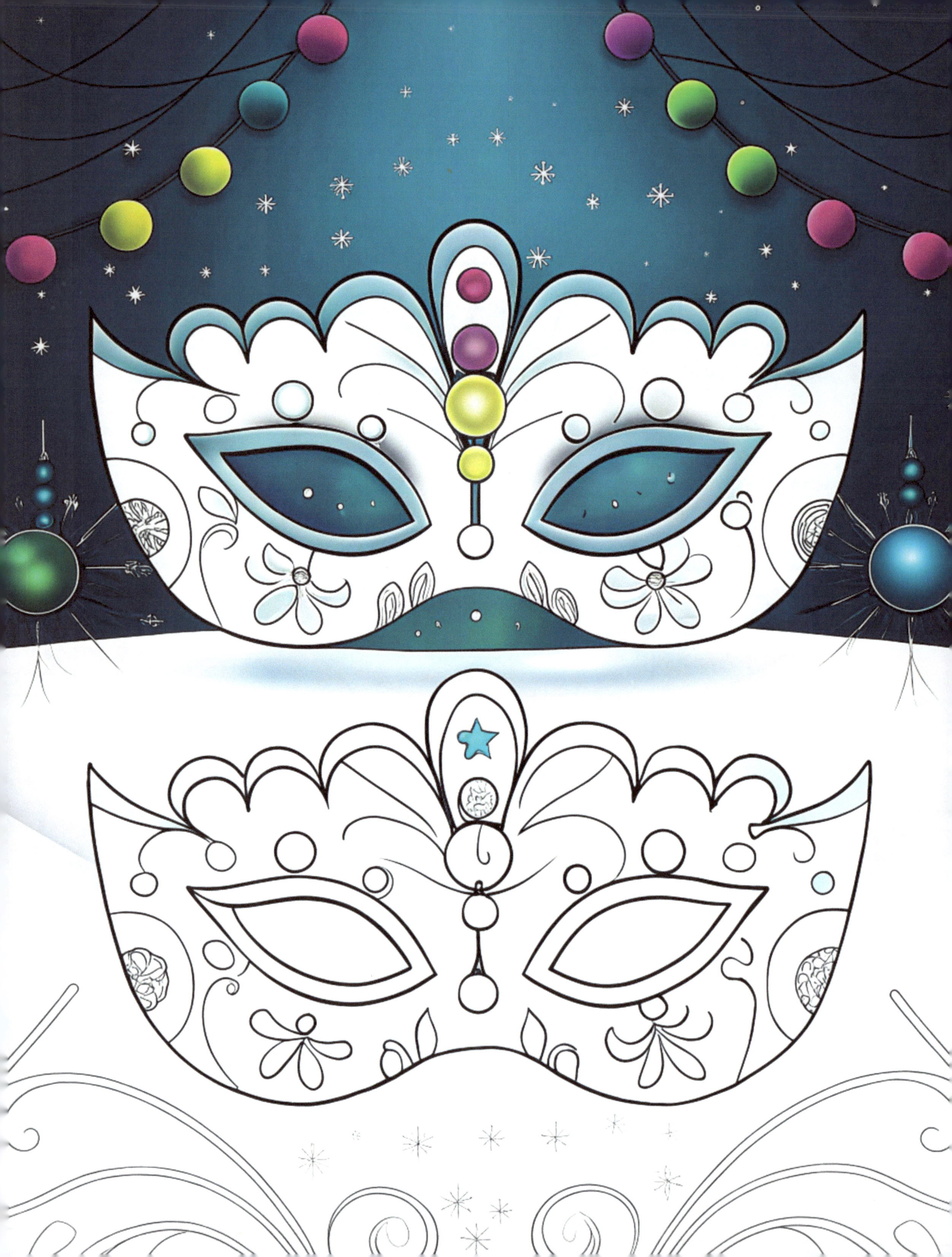

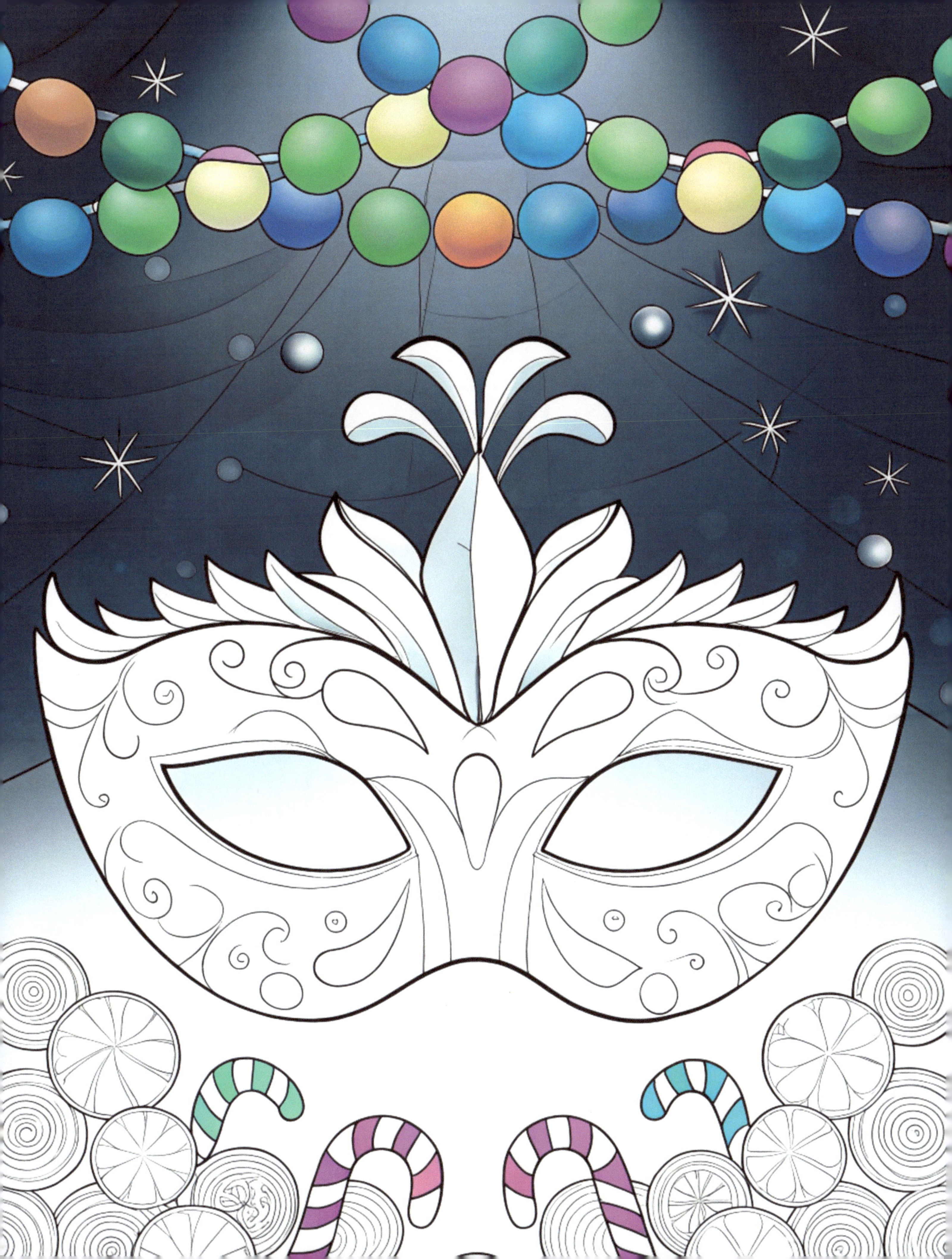

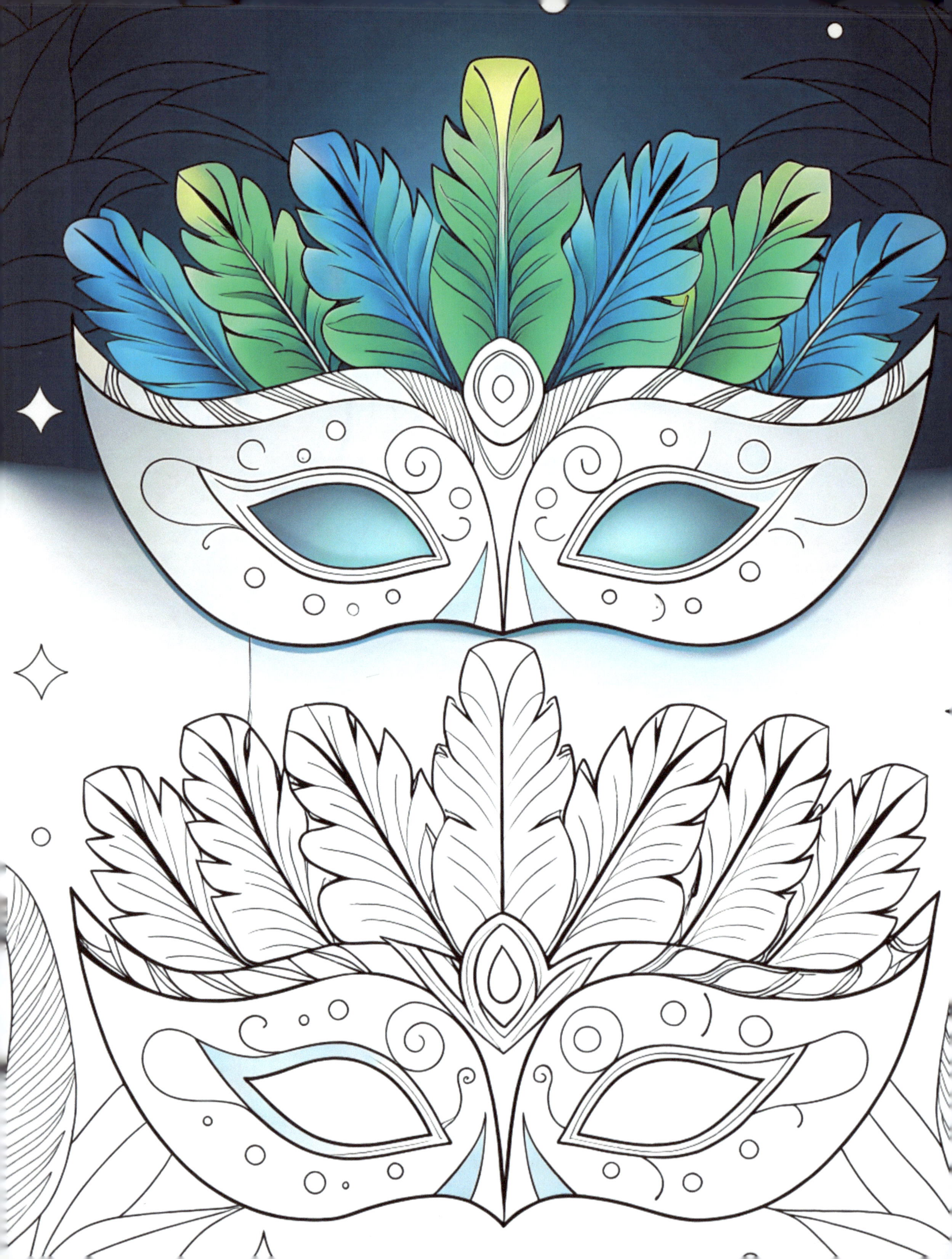

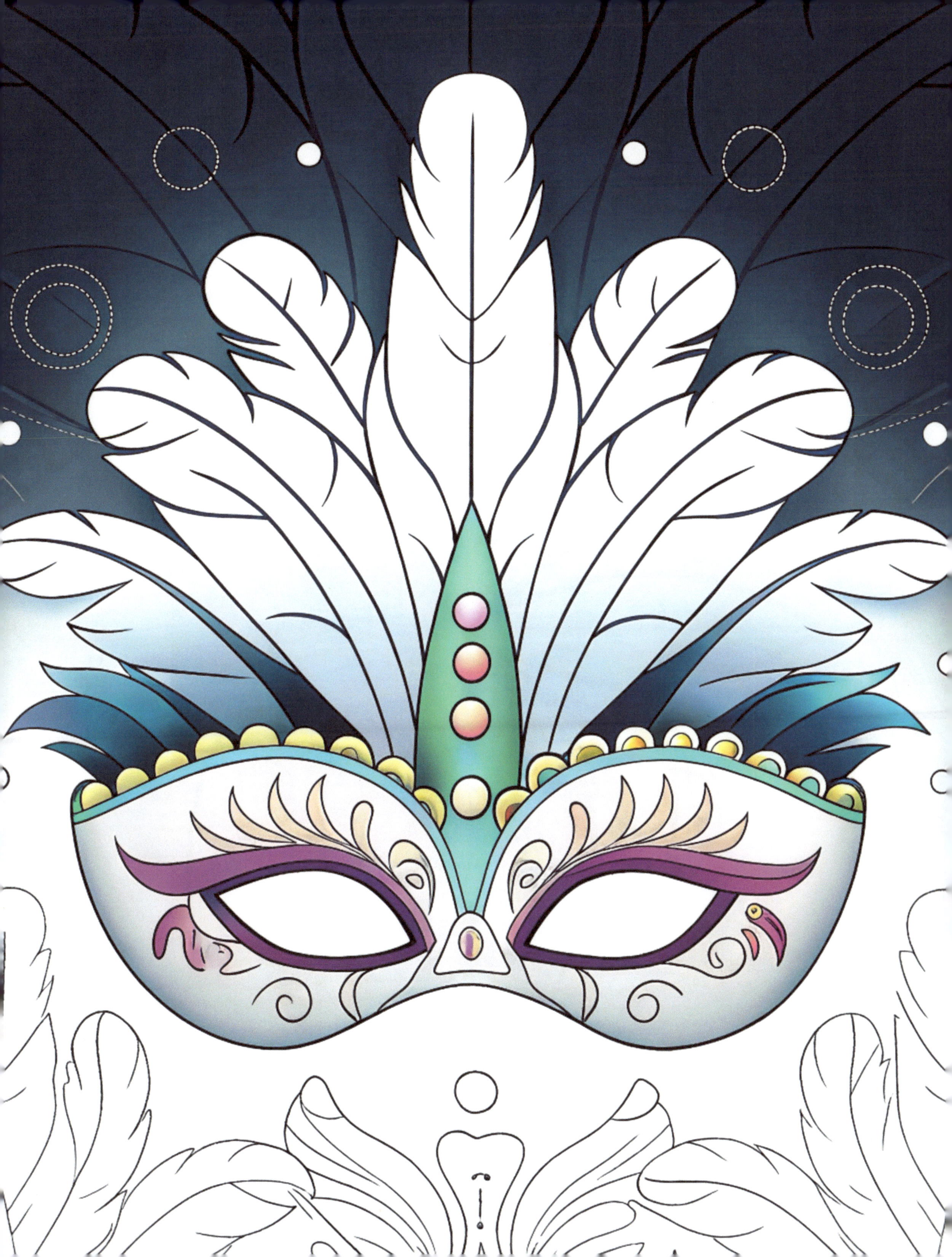

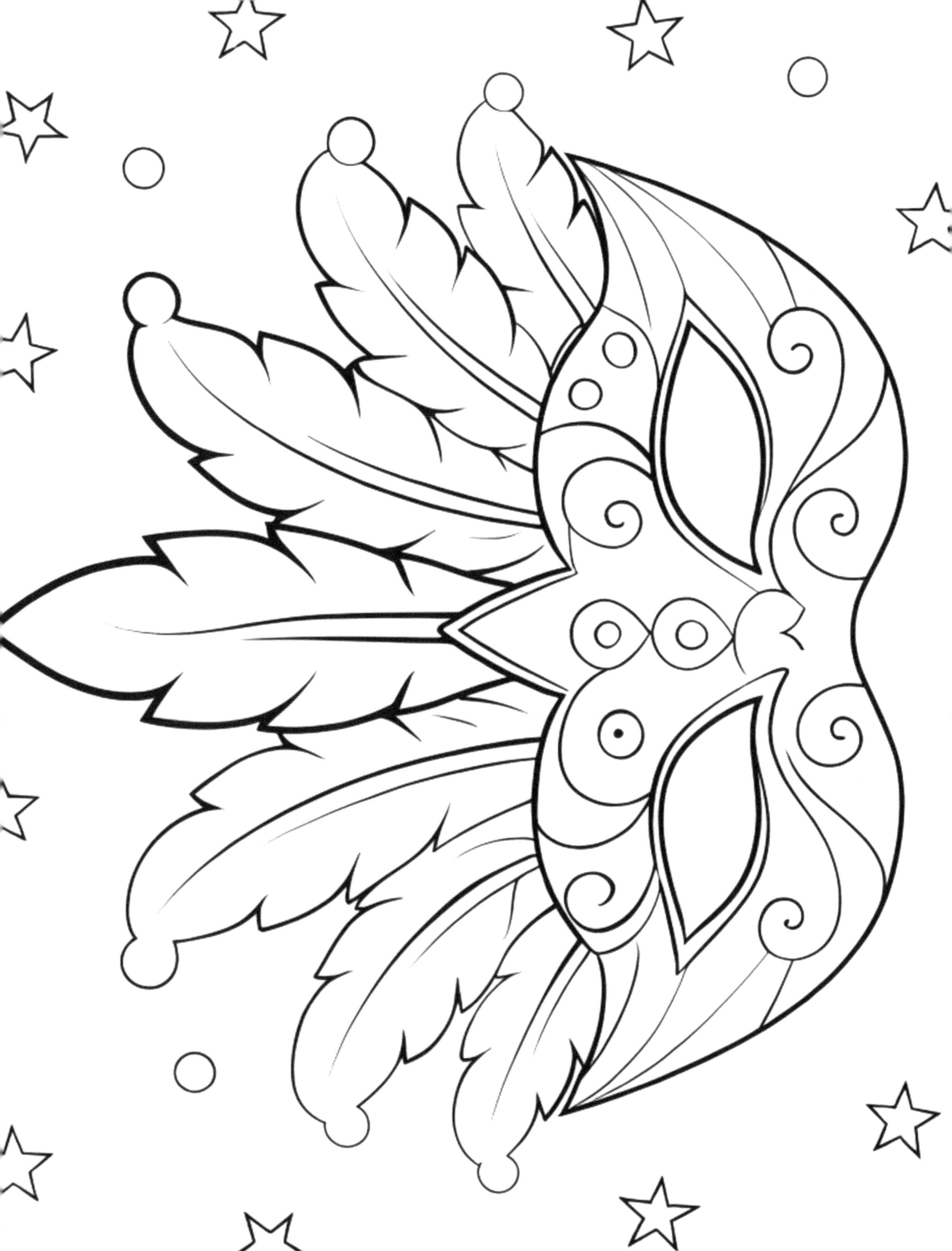

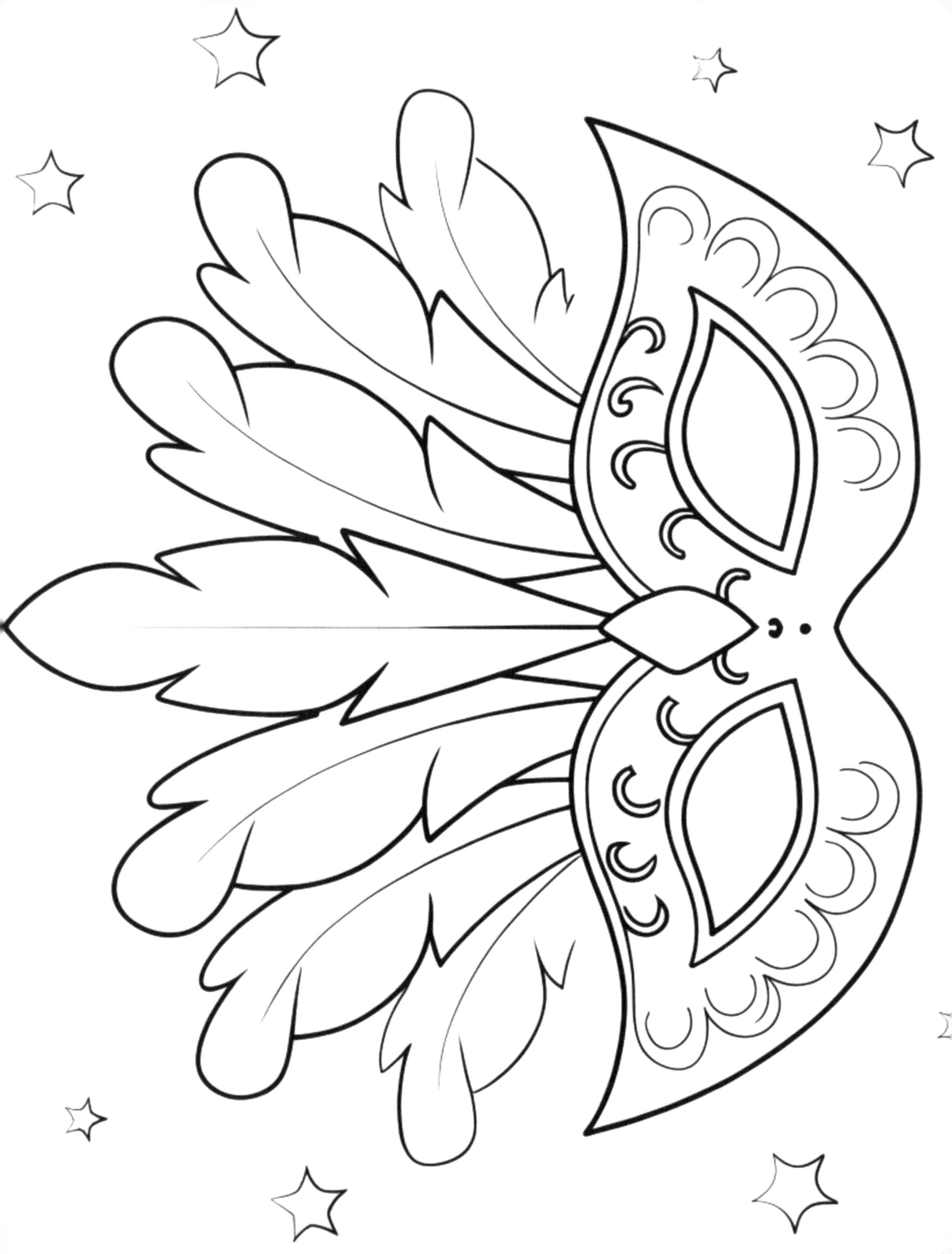

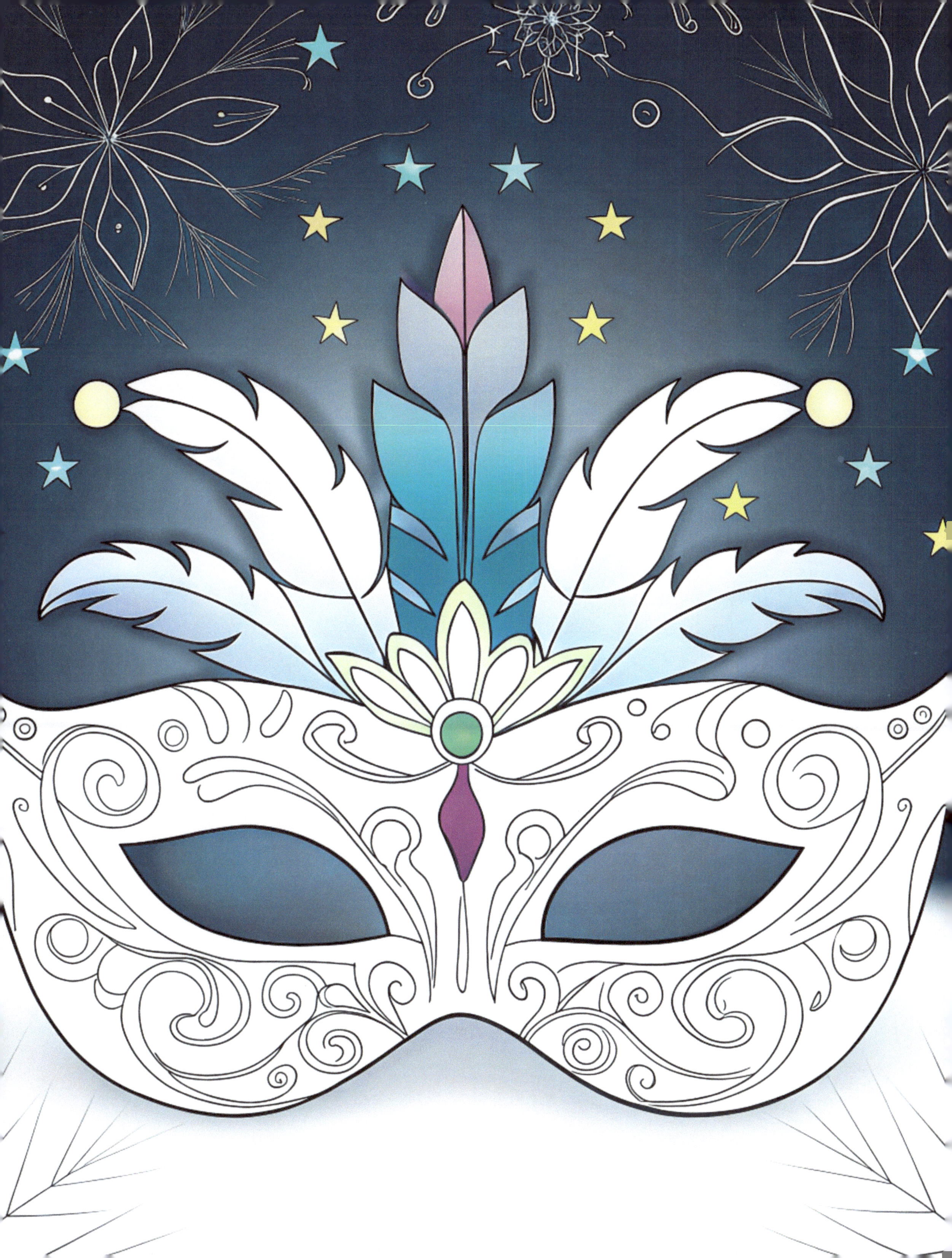